GENDARMES

ET

BRACONNIERS

par le

CAPITAINE ROUSSEL

IMPRIMERIE-LIBRAIRIE DE LA GENDARMERIE

A. LE NORMAND

Ancienne Maison LÉAUTEY

24, rue Saint-Guillaume, et boul. Saint-Germain, 187

PARIS

GENDARMES

ET

BRACONNIERS

par le

CAPITAINE ROUS L

IMPRIMERIE-LIBRAIRIE DE LA GENDARMERIE

A. LE NORMAND

Ancienne Maison LÉAUTEY

24, rue Saint-Guillaume, et boul. Saint-Germain, 187

PARIS

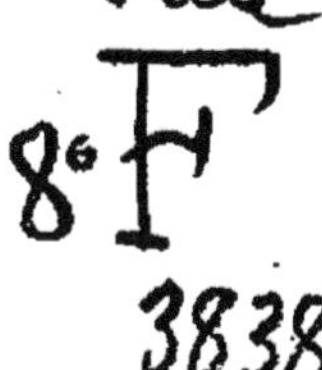

GENDARMES ET BRACONNIERS

INTRODUCTION

La destruction considérable de gibier et de poisson de toute espèce opérée chaque année par les braconniers dans l'arrondissement de Montbrison nous a donné l'idée de réunir en quelques pages les connaissances pratiques indispensables aux agents de répression pour lutter avec chances de succès contre ces ennemis de la société dont on ne connaît pas assez les procédés, et dont les exploits restent la plupart du temps impunis.

Aux termes de la loi, la gendarmerie fait partie des fonctionnaires et agents chargés de la constatation des délits de chasse et de pêche; mais, étant donné ses multiples occupations, elle ne peut consacrer à cet objet qu'une très faible partie de son temps, et la circulaire ministérielle du 27 février 1860, qui prescrit aux gendarmes de ne pas négliger leur service pour s'occuper de la chasse, a restreint encore, en les modérant, leurs tendances parfois trop manifestes à l'égard d'un service intéressant et rétribué.

Ce n'est donc qu'accessoirement, et pour ainsi dire en passant, que les gendarmes, au cours de leurs tournées, assureront la répression du braconnage, si ce n'est pendant les deux ou trois semaines qui précèdent l'ouverture de la chasse, où la circulaire du 18 mai 1896 leur prescrit de faire quelques tournées spéciales à ce sujet.

Daus des conditions et des limites aussi restreintes, la surveillance exercée par la gendarmerie sur les braconniers peut-elle être réellement utile et efficace?

Oui, si tout d'abord les gendarmes ont une connaissance approfondie des procédés employés par les braconniers. Ces derniers sont des gens d'expérience aussi habiles à capturer le gibier qu'à éventer le gendarme ou lui échapper ; leurs méthodes sont multiples, leurs engins variés, ils connaissent à fond le terrain sur lequel ils opèrent, ils sont adroits et agiles, ils sont quelquefois dangereux. Le gendarme, s'il veut lutter contre eux avec avantage, devra donc être renseigné sur leurs engins, les méthodes qu'ils emploient ; il devra savoir les observer de loin, les flairer pour ainsi dire; et, s'il a soupçonné le délit, utiliser le terrain pour se rapprocher d'eux et les aborder avant que son uniforme ait causé la panique.

Ces notions, que nous jugeons indispensables à nos gendarmes et dont ils n'ont le plus souvent qu'une connaissance trop superficielle, nous les exposerons succinctement dans les pages qui vont suivre. Elles leur permettront d'utiliser avec profit le peu de temps qu'ils ont à consacrer à la répression du braconnage.

C'est le seul but que nous nous proposons ici, et nous serons pleinement satisfait si nos efforts aboutissent à un résultat dans ce sens, certain d'avoir coopéré modestement à une œuvre utile pour le pays.

Nous traiterons d'abord la question « chasse », ensuite la question « pêche ».

Ire PARTIE

De la Chasse

Considérations générales

Nous n'avons ni l'intention ni la prétention d'enseigner ici la loi du 3 mai 1844. Nous la supposerons, au contraire, connue dans tous ses détails, ainsi que les arrêtés préfectoraux permanents ou transitoires qui traitent de la matière, et nous nous occuperons exclusivement des infractions à ces lois et arrêtés commises le plus généralement par les braconniers.

Les procédés employés par eux pour détruire le gibier, poil ou plume, sont nombreux; il est difficile de les énumérer tous : chaque contrée a les siens. Nous allons examiner les plus usités et les plus destructeurs.

Braconnage au Fusil

Le braconnage au fusil s'opère toute l'année de jour et de nuit. Dans la région de Montbrison, presque tous les gens de la campagne, propriétaires, fermiers, cultivateurs, bergers même, possèdent un fusil et sont quelque peu braconniers. En se rendant aux champs ils emportent leur fusil (le plus souvent démontable) sous leur blouse, dans un sac, dans leur charrette, sous une botte de paille. Chemin faisant, ou pendant le travail, s'ils aperçoivent un gibier, ils laissent leur pioche ou leur charrue, prennent leur fusil et tirent. Ils n'en font pas un métier, ce n'est pour eux qu'un accessoire : comme une tentative à laquelle ils ne résistent pas. Leur coup fait ils reprennent leur besogne et leur allure d'honnêtes ouvriers; et, si le gendarme en tournée dans les environs et qui a entendu le coup de feu n'était pas à l'avance renseigné, il n'aurait jamais l'idée de soupçonner ce cultivateur laborieux. Mis au courant des mœurs des gens du pays, ses recherches ne s'égareront pas. Il observera sans se montrer ceux mêmes qui pourraient se croire à l'abri du soupçon, et constatera sans peine le délit.

Les travailleurs de la terre et les bergers surtout, hommes et femmes, sont habitués dès leur enfance à tendre des collets et des lacets, et détruisent ainsi beaucoup de gibier; nous y reviendrons plus loin.

Les véritables braconniers, ceux qui vivent presque exclusivement du gibier qu'ils détruisent, sont légion dans l'arrondissement de Montbrison ; ce sont ceux-là surtout qui doivent fixer notre attention.

Les armes dont ils se servent n'ont ni écusson, ni monogramme, ni marque apparente de fabrication; ce sont généralement de très vieux fusils, presque toujours sans valeur et souvent démontables. Le braconnier est accompagné d'un ou de deux chiens, souvent de race bâtarde (métis du chien de chasse et du chien de berger), la plupart du temps dressés à éventer le gibier aussi bien qu'à signaler l'approche du gendarme ou du garde.

Il est rarement dans l'attitude du chasseur, et porte son arme d'une façon peu apparente, généralement dans la position verticale le long du corps, quelquefois sous la blouse, tout chargé. Son attitude est hésitante, il n'a pas l'aplomb ni l'allure du chasseur tranquille dont la conscience est en repos.

Aucun de ces signes ne devra échapper au gendarme; il devra s'arrêter, se dissimuler et noter. S'il croit avoir affaire à un braconnier, au lieu d'aller à lui ouvertement, comme il procéderait à l'égard d'un chasseur ordinaire, il prendra des dispositions spéciales pour se rapprocher de lui et l'aborder.

Quelles seront ces dispositions? Nous en avons indiqué le but : c'est d'aborder le délinquant avant qu'il n'ait pris la fuite; le moyen varie avec chaque cas particulier. Le braconnier est alerte, il connaît à fond son terrain. Au premier mouvement des gendarmes, il va détaler prestement et se diriger vers un abri, un bois, un fourré, ou mieux une maison dans laquelle il sait que les gendarmes ne le suivront pas. Il faut donc manœuvrer de façon à couper la retraite au délinquant dans la direction des abris, surtout des maisons. Pour cela se dissimuler de son mieux, faire une étude rapide du terrain et laisser le braconnier approcher jusqu'à ce qu'il soit à bonne portée; s'il s'éloigne, le suivre en utilisant les mouvements du sol et en manœuvrant de façon à l'entourer, si l'on est plusieurs, et à le couper des abris.

Dans le cas le plus général de deux gendarmes en tournée, un des gendarmes reste au poste d'observation; l'autre, le plus alerte, en utilisant le terrain fait un détour en se dirigeant vers les abris qui pourraient servir au délinquant. Il s'avance ensuite vers ce dernier en évitant le plus longtemps possible de se montrer, et se lance enfin sur lui en le poussant vers le poste d'observation. Le gendarme qui est resté embusqué à ce poste suit attentivement la manœuvre et saisit le moment le meilleur pour intervenir à son tour.

Cette utilisation du terrain, qui varie à l'infini, doit faire l'objet d'une étude fréquemment répétée, fort intéressante d'ailleurs, à laquelle les chefs de brigade pourront dresser leur personnel, au cours des tournées, même sans s'arrêter, au moyen de quelques hypothèses très simples.

Remarquons d'ailleurs qu'on peut constater le délit sans être obligé d'en faire la déclaration verbale au délinquant. Si on n'a pu l'aborder et si on est sûr de le bien connaître, le procès-verbal est aussi régulier que si ce dernier avait été interpellé. Il n'est même pas indispensable de nommer le délinquant dans le procès-verbal, quand on n'a pu savoir son nom, il suffit qu'il soit désigné d'une manière qui ne permette pas de le méconnaître ou de se méprendre (*Cassation*, 1816). Une enquête, d'ailleurs rapidement faite, permettra aussi, la plupart du temps, de compléter le renseignement.

Nous avons dit que les braconniers étaient souvent accompagnés de guetteurs et même de chiens spécialement dressés à dénoncer l'approche des gendarmes. Ces guetteurs font un signal convenu dès que les gendarmes sont en vue ou sont signalés.

Dans la région de Montbrison, dans la montagne surtout, il n'est pas rare, à l'approche des gendarmes ou des gardes, d'entendre sonner du clairon ou de la corne (instrument simple fait d'écorce d'arbre, de pin généralement). C'est le signal convenu, et le braconnier est ainsi averti qu'un danger le menace.

Les paysans, d'ailleurs, s'annoncent ainsi mutuellement, de hameau à hameau, de commune a commune, l'arrivée de la gendarmerie.

Dans l'état actuel de notre législation ce fait échappe à toute répression, et ceux qui le pratiquent ne peuvent être traités comme complices du délit constaté; mais cependant il ne faudrait pas hésiter à dresser procès-verbal contre un individu qui favoriserait un délinquant jusqu'au point de mettre la gendarmerie qui est à sa poursuite dans l'impossibilité de l'atteindre. C'est là en vérité un fait précis dont la répression a été consacrée par le tribunal de Saint-Malo (29 *novembre* 1877). N'oublions pas non plus que le fait de crier à des chasseurs : « Gare, voilà les gendarmes ! » est punissable (*Cour de Bordeaux*, 8 *février* 1867), bien qu'il ne constitue pas le délit d'outrages par paroles envers les agents de la force publique (*Cour de Montpellier*, 18 *mai* 1874).

Chasse a l'Affut

L'affût se pratique le plus généralement au coucher du soleil, à l'heure où le lièvre et le lapin sortent des bois et des fourrés pour aller prendre leur nourriture, ainsi que le matin, au lever du soleil, lorsqu'ils rentrent dans leurs lieux de retraite. Le braconnier se poste sur la lisière des bois, des cultures, tapi sous un buisson, dans une cabane en planches ou en feuillage, assis ou à genoux, quelquefois couché ; il est là complètement immobile et très peu visible à distance. Par les nuits claires il s'établit près d'un champ de trèfle, de luzerne, de choux.

L'affût au gibier d'eau, pour la chasse au canard, a lieu dans les mêmes conditions et aux mêmes heures, près des étangs ou marais, principalement pendant la période du mois de novembre au mois de mars.

La chasse à l'affût est extrêmement productive. Bien dissimulé, le braconnier laisse le gibier s'approcher et le tire à coup sûr à très petite distance. Il n'est visible pour l'observateur qu'au moment où il se déplace pour ramasser le gibier. Il n'a d'ailleurs généralement qu'un faible espace à parcourir, et dans ce court trajet il se dissimule de son mieux.

Le gendarme qui, aux heures indiquées, surtout par une nuit claire, entend le bruit d'un coup de fusil doit immédiatement s'arrêter et observer la lisière des bois, des taillis, des fourrés, des hautes cultures. Les cabanes ou baraques, s'il en existe, devront fixer son attention. Il cherchera à apercevoir la fumée du coup de feu, et prêtera l'oreille au moindre bruit qui se produira. Si l'observation ne donne pas de résultat, il attendra que l'expérience se reproduise (elle ne saurait tarder beaucoup si l'endroit est giboyeux), en se rapprochant au besoin de l'endroit d'où le coup paraît avoir été tiré. Une fois le braconnier découvert, on se rapprochera de lui d'après les principes déjà exposés, en ayant soin toutefois de contourner la baraque ou la cabane qui le protège. Cependant, à la faveur de la nuit, on cherchera à s'approcher très près du délinquant; car si on lui laisse du champ, ce dernier, qui connaît à fond son terrain, profitera de l'obscurité pour échapper à la poursuite.

Il y aura même avantage, si le jour n'est pas éloigné de paraître, à suspendre quelques instants la poursuite, tout en observant le chasseur, qui perdra ainsi le bénéfice de l'obscurité.

Chasse a la Chanterelle

La chasse à la chanterelle est un mode particulier et interdit de la chasse au fusil. Elle est pratiquée généralement au lever et au coucher du soleil et spécialement du 1er février au 15 mars.

Une chanterelle ou perdrix femelle est enfermée dans une cage recouverte en partie de zinc pour la mettre à l'abri des plombs. Cette cage est placée en plein champ ou suspendue à l'ouverture d'une maison isolée. La chanterelle attire par ses cris (faciles à reconnaître) les coqs perdrix des environs. Le chasseur, dissimulé derrière un buisson, une touffe d'herbes ou dans la maison même, fait des massacres quelquefois prodigieux. Il se sert la plupart du temps d'un fusil de petit calibre ou d'une canne-fusil.

La chasse au moyen d'appelant est un délit, c'est une circonstance aggravante de la chasse sans permis, et l'appelant doit être saisi. Les gendarmes, à l'époque et aux heures indiquées plus haut, ne doivent donc pas négliger de rechercher le cas échéant, à proximité du chasseur, et de saisir l'engin prohibé. La circonstance qui attirera et fixera leur attention dans ce mode de chasse, c'est la répétition et la succession rapides parfois des coups de fusil au même point. N'oublions pas d'ailleurs (et qu'il nous soit permis en passant d'en exprimer le regret) que la détention à domicile, ou ailleurs, de l'appelant n'est pas interdite en dehors du fait d chasse.

Chasse a la Grive

Dans les pays montagneux, au moment du passage de la grive (du mois de septembre au mois de novembre), des cabanes en planches ou en feuillage, souvent au niveau du sol, quelquefois sous un tertre ou creusées dans la terre et dissimulées avec des branches ou des fanes de pommes de terre, des fougères, etc., servent d'abri aux braconniers. Ces cabanes sont disposées à proximité soit d'un bouquet, soit d'une ligne de sorbiers ou d'alisiers plantés dans cette intention.

Blottis dès la pointe du jour, les braconniers attendent les grives, très friandes des baies, et les tirent avec facilité. C'est une chasse extrêmement productive.

A l'époque indiquée, le gendarme en tournée observera de loin avec attention ces cabanes toujours suspectes. S'il entend des coups de fusil, il s'approchera avec précaution, en contournant la cabane de façon à se présenter du côté opposé à l'ouverture, et n'aura pas de peine à surprendre le délinquant. La cabane n'est d'ailleurs pas un asile inviolable, et, dans le cas où le chasseur ne se montrerait pas, le gendarme pénétrera à l'intérieur et constatera soit le gibier déjà tué, soit le fusil encore chaud.

Souvent ces mêmes arbres sont plantés à dessein tout près des habitations, et les braconniers tirent de chez eux par une fenêtre, une lucarne, un trou. Le gendarme, dans ce cas, devra, pour les surprendre, attendre le moment où ils sortiront de leur demeure pour ramasser le gibier. Il se postera en attendant sur la face de la maison opposée aux arbres ou, s'il craint de donner l'éveil, plus loin derrière un bouquet de bois.

Chasse en temps de Neige

Elle est aussi productive pour le chasseur que

difficile à constater et à réprimer pour le gendarme, et si le braconnier qui opère sur la neige est visible de loin, les gendarmes, toujours par deux, à cheval ou à pied, avec leur uniforme sombre, le sont bien plus encore. Il faut donc, dans ce cas, redoubler de précautions pour éviter de se montrer trop tôt et aborder le chasseur ou tout au moins prendre de lui un signalement complet.

Dira-t-on que le gendarme pourrait suivre sur la neige les traces du braconnier, comme ce dernier a suivi les traces du gibier. La chose n'est pas impossible et donnerait peut-être parfois un résultat. Mais nous estimons que la gendarmerie fera bien de s'abstenir de ce genre d'opération.

Traqueurs non armés

Les braconniers, nous l'avons déjà dit, sont souvent accompagnés d'individus (les mêmes qui sont chargés de signaler l'approche des gendarmes) qui, sans être armés, servent de rabatteurs ou de traqueurs pour le braconnier qui opère. N'oublions pas que la loi considère ces traqueurs comme complices du délinquant et les punit comme tels (*Cassation, 15 décembre* 1870 *et* 7 *décembre* 1872).

Il n'en serait pas de même si ces individus prêtaient leur concours à un chasseur parfaitement en règle. Dans ce cas, ils ne sont que les agents, les instruments du chasseur (*Cassation*, 8 *mars* 1845). Ils ne se rendent complices d'aucun délit et ne sauraient être poursuivis.

Les traqueurs doivent donc être l'objet d'une observation et d'une attention spéciales de la part des gendarmes. Ces derniers noteront d'une façon précise leurs faits et gestes, en même temps qu'ils prendront leur signalement, de façon à pouvoir établir nettement leur participation à la chasse et dresser procès-verbal, le cas échéant.

Pour terminer ce qui a trait à la chasse au fusil, nous ne saurions trop recommander aux gendarmes d'examiner de très près les permis de chasse qui leur sont présentés. Nombreux sont les gens qui prêtent leur permis à des parents, à des amis, à des voisins. Nous pourrions citer un hameau, peu considérable, il est vrai, ou un seul permis a servi pendant près de deux mois à tous les habitants à tour de rôle. Les gendarmes se contentent trop souvent d'un simple coup d'œil jeté sur le papier qui leur est présenté.

Aux termes de la circulaire du ministre de l'intérieur du 5 août 1887, les sous-préfectures doivent communiquer à la gendarmerie la liste nominative des permis de chasse délivrés. Cette prescription, qui n'est pas toujours observée, est précieuse pour la gendarmerie.

Il est bien entendu d'ailleurs que celui qui refuse d'exhiber son permis de chasse, est présumé n'en pas avoir. Il y a donc lieu, dans ce cas, de dresser procès-verbal en faisant mention du refus. N'oublions jamais aussi d'indiquer avec précision toutes les circonstances du délit de chasse, afin d'éviter plus tard des contestations et quelquefois des acquittements. Trop souvent on se contente de mentionner que le délinquant était dans l'attitude du chasseur. Il faut préciser quelle était la position de son fusil, s'il était dans les terres, hors des chemins, s'il a tué du gibier ou s'il a tiré sur lui, si les chiens parcouraient le guéret ou les bois, préciser le signalement des chiens, si le fusil était encore chaud, au besoin se faire montrer les cartouches du canon (ou faire mention du refus), dire s'il y avait du gibier dans la carnassière et de quelle espèce, enfin décrire le fusil.

Précautions contre les Braconniers

Nous avons dit au début que les braconniers sont quelquefois dangereux. Serrés de près par les gendarmes ou par les gardes, ils n'hésiteront pas à faire volte-face et à tirer sur eux ; le cas n'est malheureusement pas rare dans les environs de Montbrison. Les gendarmes ayant leur revolver chargé, quelquefois même la carabine, éviteront toujours de mettre entre eux une trop grande distance, et seront toujours en mesure de se porter secours mutuellement. Dans la poursuite, telle que nous l'avons indiquée, si le braconnier s'arrête et prend une attitude agressive, le sommer de déposer son arme avant de l'aborder. Si on l'a rejoint, suivre tous ses mouvements et ne pas le perdre de vue, car il est arrivé qu'un gendarme, en constatant l'identité d'un individu de ce genre, a été subitement renversé et grièvement blessé par un coup de crosse en pleine figure.

Chasse au Lacet

Le lacet est employé en toute saison dans les terrains giboyeux, surtout dans les chasses gardées. C'est un engin très simple, facile à fabriquer, peu coûteux, très destructeur et dont les braconniers de la région de Montbrison font un usage immodéré.

Le lacet destiné à prendre le lièvre ou le lapin est fait d'un fil de laiton à nœud coulant, l'extrémité libre étant solidement fixée à un pieu, à un arbuste ou une pierre. Il en existe aussi pour le faisan, mais il est moins usité. Le gibier, surtout pendant les nuits noires, passe sans s'en apercevoir dans le nœud coulant, se prend par la tête et, en faisant des efforts pour se dégager, resserre le nœud et s'étrangle. Pour rendre l'engin moins visible au gibier, le braconnier a soin d'ailleurs de le fumer avant de le mettre en place.

Il le pose à l'entrée du terrier pour le lapin, et, pour le lièvre ou le faisan, dans les coulées, c'est-à-dire dans les ouvertures des haies, les petits sentiers, les sillons ensemencés, les rigoles des prairies naturelles ou artificielles, en un mot dans tous les passages habituellement suivis par le gibier.

Les braconniers, toujours plusieurs ensemble, exécutent cette opération en simulant une promenade pour détourner l'attention. Ensuite, le soir venu, et pour compléter le travail, des chiens dressés à cet effet sont lancés sur le terrain et poursuivent le gibier en tous sens, l'obligeant ainsi à suivre les pistes garnies d'engins.

Le lendemain, à des heures toujours variées, le braconnier visite ses lacets et recueille le gibier.

Ce genre de délit n'est pas facile à constater ; cependant les braconniers de la région, qui sont connus la plupart du temps, peuvent être rencontrés soit sur les routes, soit dans les parages des terrains giboyeux. Il faut les joindre aussitôt et visiter ce qu'ils portent dans leurs paniers ou dans leurs sacs ; on réussira assez souvent à saisir soit leurs engins, soit le gibier qu'ils ont pris.

Le gendarme en tournée, s'il parcourt un terrain giboyeux, quittera quelquefois routes et chemins pour suivre les haies, les lisières de bois, les coulées en général. S'il s'aperçoit que le terrain est foulé, que des ouvertures ont été pratiquées dans les haies, où le lièvre parfois a laissé son poil, il observera attentivement et découvrira les lacets. Deux solutions se présentent alors : S'il est possible de revenir le lendemain et d'exercer ou de faire exercercer sur ce terrain une surveillance sérieuse, soit par le personnel de la brigade, soit par les gardes communaux ou particuliers, il faut noter soigneusement l'endroit, éviter de piétiner le sol, détendre quelques lacets avec une canne ou un bâton, jamais avec les doigts pour éviter de donner l'éveil au braconnier. Avec une surveillance un peu active on finira par découvrir les délinquants.

Dans le cas contraire, se borner à saisir les lacets trouvés. Enfin, il n'est pas impossible de découvrir les braconniers en opération. Il faut observer les individus qui, simulant une promenade à travers champs, suivent les haies, les coulées en général sans motif apparent, noter soigneusement tous leurs gestes, les aborder et les interroger. Même, sans un flair particulier, les gendarmes arriveront ainsi à constater le délit.

Chasse au Collet

Le collet est surtout utilisé en automne. Il consiste en une baguette de noisetier maintenue courbée en arc de cercle et fixée dans un plan vertical, à une branche d'arbre. On attache à la partie supérieure des bouts de crin disposés en anneaux à nœuds coulants. L'oiseau, attiré par l'amorce (baies de sorbiers ou d'alisiers) placée au centre de l'anneau, passe la tête sans s'en apercevoir dans le nœud coulant et se fait prendre par le cou : c'est le collet pendu.

Le collet à piquet diffère du précédent en ce qu'il est fixé à un piquet planté en terre. Les oiseaux qui ne perchent pas s'y enlacent au passage par les pattes.

Les collets à piquet se tendent au milieu de petits sentiers, dans les bois peu fréquentés. Ils sont utilisés pour la perdrix, la bécasse, la bécassine. Les collets pendus servent surtout pour la grive, le merle et le sansonnet.

Le collet est très employé dans la région de Montbrison, surtout dans la montagne, pour la grive, pendant les mois d'octobre et de novembre. Les collets se fabriquent à peu de frais, et les petits bergers de la montagne sont très habiles à les confectionner et à les placer.

Pour découvrir le collet pendu, il n'y a qu'à suivre les lignes de sorbiers et d'alisiers : on les aperçoit en examinant l'arbre avec attention. Le collet à piquet est plus difficile à trouver. Il ne faut pas songer à attendre le braconnier, qui peut rester plusieurs jours sans paraître. Le mieux est de signaler les engins aux gardes des environs ou de les enlever. On empêchera ainsi tout au moins le braconnier de recueillir le fruit de son larcin.

Chasse au Filet

Il existe deux genres de filet assez peu usités d'ailleurs, l'un et l'autre, dans notre région :

1° *Le Traîneau* est un filet de 20 à 25 mètres de longueur sur 2 à 3 mètres de large. Les braconniers, après avoir reconnu dans un champ la présence d'une compagnie de perdrix, choisissent une nuit obscure et placent leur filet verticalement, au moyen de deux perches, un peu en avant d'une haie; puis, munis chacun d'une longue branche d'arbre, partent de l'extrémité opposée du terrain et s'avancent vers le filet en agitant leur branche. Les perdrix et les cailles, effrayées par ce bruit, se jettent dans le filet et sont prises. Parfois, quand le braconnier se sait ou se croit moins surveillé, il remplace la branche d'arbre par un falot réflecteur ou par une poële à frire pleine de résine allumée et s'avance en suivant les sillons. Les perdrix sont d'ailleurs, pour la plupart, tellement saisies par cette apparition lumineuse en pleine nuit qu'elles se laissent prendre à la main.

Le gendarme en patrouille de nuit, qui entendra dans un champ un bruit anormal ou apercevra la lueur révélatrice, devra prêter l'oreille, observer et se rapprocher. Il suivra avec précaution le mouvement en avant des braconniers et saisira le moment de la fin de la manœuvre pour s'élancer sur eux et saisir les engins.

2° *La Truble* est un filet de forme analogue à ceux qui servent à attraper les papillons. Il est employé surtout par les jeunes bergers pour prendre les cailles, les alouettes, les perdrix et autres volatiles qui ne perchent pas. Ce mode de chasse est pratiqué surtout au moins de mai, à l'époque de la reproduction.

Il est peu connu dans la région de Montbrison.

Chasse a la Glu

C'est la chasse aux petits oiseaux, pratiquée particulièrement en automne autour des grandes villes, où les braconniers trouvent auprès des oiseliers un écoulement facile de leurs prises. Voici le procédé : On choisit un buisson ou bien on en apporte un fait de toutes pièces, autant que possible à proximité d'un cours d'eau, d'une source, ces lieux étant généralement plus fréquentés par les oiseaux, qui recherchent la fraîcheur et viennent se désaltérer.

On prépare le buisson en coupant quelques branches et on confectionne les gluaux : des petits bâtons très minces, de 20 à 30 centimètres de long, sont enduits de glu (elle se vend toute préparée chez les droguistes) et placés sur le buisson de manière qu'ils puissent tomber facilement dès qu'ils seront touchés.

On dispose ensuite au pied du buisson l'appelant (chardonneret, pinson, linot, etc.), dans une petite cage (on en trouve de très perfectionnées à la manufacture française de Saint-Etienne) qui ne laisse pénétrer la lumière que par la partie supérieure. Cette cage est dissimulée elle-même au moyen d'herbes sèches, de mousse, de fanes, etc.

Aux cris de l'appelant, les oiseaux viennent en grand nombre, surtout ceux de son espèce, voltigent autour du buisson, se posent sur les gluaux, les font tomber et se trouvent pris soit par les pattes, soit par les ailes. Le braconnier, posté non loin de là, accourt, saisit l'oiseau et le débarrasse de la glu en le frottant avec de la terre ou de préférence avec de la cendre de bois.

Le procédé est simple, peu coûteux et très productif. Le délit n'est pas facile à constater. Le braconnier, en pleine action de chasse, est tranquillement assis, un livre à la main, une cigarette à la bouche et donnera le change au gendarme le plus méfiant. Si cependant ce dernier a vent de la chose, il tiendra pour suspects la présence en cet endroit et l'attitude de cet individu, connu plus ou moins déjà comme braconnier. Il examinera les broussailles, les buissons à proximité ; le chant de l'appelant pourra même attirer son attention et lui permettra de constater le délit. Il n'est pas impossible non plus de surprendre ces gens-là, lorsqu'ils se rendent sur les lieux pour opérer, ou qu'ils en reviennent portant leur cage et son contenu de façon plus ou moins apparente. On ne peut, il est vrai, dans ce cas verbaliser contre eux pour délit de chasse avec engins prohibés ; mais ils sont toujours, même lorsque la chasse est ouverte, en contravention aux arrêtés préfectoraux (capture, transport et colportage d'oiseaux indigènes).

A la vérité la circulaire ministérielle du 29 juillet 1874 défend aux gendarmes de s'employer d'une manière spéciale à la recherche des contraventions aux arrêtés des préfets pour la destruction des oiseaux utiles ; mais il ne leur est pas interdit de profiter des tournées et de l'exécution du service journalier pour concourir à la surveillance exercée sur ce point par les gardes champêtres et les gardes particuliers.

Recéleurs

Le commerce du gibier en temps prohibé est un des points les plus essentiels et peut être considéré comme le nœud vital de la question du braconnage. Si le gibier pris en délit ne trouvait pas d'écoulement, le braconnage disparaîtrait. Or, les procès-verbaux dressés par la gendarmerie pour détention, colportage, mise en vente de gibier en temps prohibé sont extrêmement rares. Et cependant, ils sont nombreux les individus, aubergistes, marchands de comestibles, coquetiers de toute espèce qui font métier de servir d'intermédiaires entre le braconnier et le consommateur, et la plupart font de brillantes affaires.

Comment opèrent-ils donc pour échapper d'une manière aussi complète et presque invraisemblable à la répression? En règle générale, la livraison se fait à jour fixe; dans chaque centre, c'est le jour de la semaine fixé pour le marché. Le braconnier se rend au marché en portant son gibier dissimulé sous sa blouse. Il n'a ni gibecière, ni sac, ni panier apparent, car il sait que les gendarmes auraient le droit d'en examiner le contenu, tandis qu'il leur est interdit de se livrer à des recherches sur sa personne. Il évitera d'ailleurs les routes et les chemins fréquentés, et suivra de préférence les sentiers, les chemins de traverse, ou passera à travers champs en prenant toutes les précautions indispensables.

En ville, le recéleur est connu de tous les braconniers, les prix sont faits d'avance, l'opération est menée rapidement, soit au domicile d'un tiers, soit dans la voiture fermée du recéleur, qui, une fois ses achats terminés, se dérobe rapidement. C'est le marché en gros.

Le marché de détail se fait directement ensuite entre recéleurs et débitants : aubergistes, restaurateurs, marchands de comestibles, qui tous, soit au grenier, soit à la cave, ont une cachette sûre et un débouché non moins assuré. Certes, la loi fait une obligation aux gendarmes d'exercer des recherches chez tous ces débitants ainsi que dans tous les lieux ouverts au public; ils ont, en outre, le droit de saisir le gibier qui se trouve dans une voiture, sur un cheval et même (en cas de soupçon bien fondé) dans un colis déposé au chemin de fer. Mais, d'autre part, il est prescrit aux gendarmes d'éviter que ces recherches à domicile et sur les routes ne dégénèrent en vexations personnelles. Elles ne devront donc pas se renouveler trop souvent. Si on admet, en outre, qu'elles ne doivent pas avoir le caractère de véritables perquisitions et se borner à la visite des salles ouvertes au public, elles nous paraissent devoir donner peu de résultats.

Il faut reconnaître d'ailleurs que les gendarmes, par la nature même de leurs fonctions, sont appelés à rechercher plutôt les délits qui se commettent sur les routes, au milieu des champs. Ils devront donc surtout s'efforcer de connaître les braconniers et les recéleurs, de surveiller les uns et les autres, et de les surprendre soit avant, soit après leurs opérations.

Les gendarmes ne sont pas d'ailleurs les seuls agents chargés de la constatation des délits de chasse. En ce qui concerne la mise en vente et le colportage du gibier, les préposés d'octroi et surtout les employés des contributions indirectes ont des pouvoirs plus étendus et une action plus incessante que la gendarmerie, et il semble qu'il appartient surtout à ces fonctionnaires de réprimer cette catégorie spéciale de délits. Le concours de la gendarmerie, d'ailleurs, ne leur fera jamais défaut chaque fois qu'ils le solliciteront.

Engins prohibés

Pendant l'époque où la chasse est permise on ne peut chasser qu'à tir, à courre, à cors et à cris et, pour le lapin seulement, avec bourses et furets. Telle est la loi; mais il existe en outre dans chaque département quelques procédés et engins de chasse légalement autorisés par les préfets et que les gendarmes doivent bien connaître.

En dehors de ces exceptions la détention de tout engin, même à domicile, est un délit (cette détention établit en effet dans ce cas la prévention que l'on en fait usage ; il n'en est pas de même pour la pêche, et la loi de 1829 ne punit que les individus trouvés porteurs *hors de leur domicile* de filets et engins prohibés). Il reste entendu d'ailleurs que la gendarmerie ne peut, de sa propre initiative, rechercher chez les particuliers les engins de chasse. Elle ne peut, quand elle les découvre, qu'en informer le procureur de la République. Mais il ne lui est pas interdit de poursuivre le braconnier jusque dans son domicile, s'il ne s'y oppose pas, et de constater l'existence de ces engins. N'oublions pas que ces mêmes engins doivent, en dehors des cas ci-dessus, être saisis par les gendarmes, qui peuvent au besoin employer la force.

Remarquons enfin que le mot engin n'est pas défini par la loi ; mais il ne faut entendre par là que les instruments qui matériellement et directement saisissent ou tuent le gibier, qui sont des moyens uniques et principaux, sans y ajouter l'emploi du fusil, comme les lacets, les collets, les filets, dont nous avons déjà parlé. Ainsi, le miroir n'est pas un engin prohibé. L'appeau et l'appelant en général sont saisissables si le chasseur en faisait usage au moment où il a été surpris en action de chasse ; de plus, la chanterelle doit être saisie en temps de chasse prohibé, comme gibier colporté, même en dehors de toute action de chasse. Les mues et cages destinées à prendre les faisans sont des engins prohibés ; il n'en est pas de même des trappes. Un piège en fer destiné à capturer les animaux nuisibles n'est pas un engin prohibé, bien que cet instrument soit susceptible de servir à toute autre chasse (*Cassation*, 15 *octobre* 1844). Cependant, si l'on constatait qu'il est employé, ou si l'on apprenait qu'il a servi à capturer le gibier, il y aurait lieu de saisir cet instrument ou tout au moins de dresser procès-verbal.

L'interdiction de détenir aucun engin de chasse prohibé s'applique aux fabricants et marchands dont l'industrie peut fournir aux délinquants les moyens de violer la loi, comme à tous autres individus. Cela résulte d'un jugement de la Cour de Paris rendu le 26 décembre 1857. Mais nous engageons les gendarmes à ne pas faire de cette prescription une application rigoureuse, car elle semble aujourd'hui être tombée dans l'oubli. On peut voir en effet à Saint-Etienne, chez tous les armuriers, et notamment à la manufacture française d'armes, une exposition permanente de toute espèce d'engins de chasse les plus perfectionnés dans la catégorie des appeaux, appelants, cages, trébuchets, etc. Jamais personne dans notre grand centre manufacturier n'a songé à exercer sur ce point une répression. Il en est de même de la glu qui sert à capturer les oiseaux et des drogues ou appâts destinés à enivrer ou à détruire le gibier, qu'on trouve tout préparés chez les spécialistes et qui se vendent couramment.

La question s'est posée aussi de savoir si l'on devait saisir, en temps de chasse non prohibé, le gibier pris à l'aide d'engins prohibés. Elle a été résolue par la négative, même pour le cas où ce gibier mis en vente ou colporté porterait la trace évidente de sa capture par un engin prohibé (*Cour de Metz*, 29 *décembre* 1864).

IIe PARTIE

De la Pêche

CONSIDÉRATIONS GÉNÉRALES

Ainsi que nous l'avons déjà dit pour la chasse, notre but n'est pas d'exposer ici la loi du 15 avril 1829 sur la pêche fluviale. Nous la supposerons, au contraire, connue dans tous ses détails ainsi que les arrêtés préfectoraux permanents ou provisoires qui régissent la matière, et nous nous bornerons à indiquer les procédés et les engins de pêche employés généralement par les braconniers et qui constituent infraction à la loi.

Les gendarmes sont compris dans la catégorie des agents chargés de la constatation des délits de pêche; mais, de même que pour la chasse, ils n'ont que très peu de temps à consacrer à cette partie de leur service. Ils ne peuvent en faire une occupation spéciale, et ce n'est qu'au cours de leurs tournées de communes, et pour ainsi dire sans s'arrêter, qu'il leur sera possible de constater ces délits.

Or, bien plus facilement encore que les chasseurs, les pêcheurs échapperont à la surveillance des agents, si ces derniers ne possèdent pas sur les délits qui se commettent des connaissances approfondies.

Le pêcheur, en effet, est peu bruyant, aucun mouvement, aucun bruit ne le signale au loin ; le silence, au contraire, et l'immobilité favorisent son œuvre. Ici plus de chiens, plus d'armes à feu, plus de courses à travers champs. Rien ne décèle au gendarme la présence du délinquant, l'accomplissement du délit.

Ce délinquant peut d'ailleurs arriver à donner le change avec une extrême facilité. Est-il surpris pêchant à la main, il feindra de prendre un bain ; a-t-il placé un engin dans l'eau, est-il en train d'empoisonner la rivière, il saisira, à l'approche du gendarme, une ligne ordinaire placée à sa portée et passera auprès du gendarme peu renseigné et peu méfiant pour un pêcheur inoffensif.

Il n'en sera pas de même si ce dernier connaît bien les procédés des braconniers, les engins qu'ils emploient, les précautions et les ruses dont ils s'entourent, et il pourra ainsi employer utilement le peu de temps qu'il a à consacrer à cette partie de son service.

Engins prohibés

D'une façon générale le braconnage commence aussitôt après les fauchaisons, dans les pays agricoles, et prend fin après les premiers froids ou après les premières grosses pluies.

Les engins dont se servent les braconniers dans la région de Montbrison sont nombreux ; voici les principaux : ce sont les mêmes d'ailleurs qu'on retrouve dans les autres régions, quelquefois sous d'autres noms.

La Trouble

La trouble est un filet en forme de poche, de dimensions variables, monté sur deux bâtons dont l'écartement maintient l'ouverture, et tenu à la main au moyen d'une perche de 3 à 4 mètres de long. On peut s'en servir soit de la rive, soit en pleine eau.

L'engin est placé de façon à entourer un rocher, une racine, les retraites habituelles du poisson, pendant qu'on déloge ce dernier au moyen d'une perche appelée bouloir.

La trouble est montée habituellement sur place. Le pêcheur se rend sur les lieux sa perche sur l'épaule, son filet dans sa poche ; ce filet est souvent remplacé par une mauvaise toile d'emballage.

La pêche terminée, l'engin est démonté, le filet ou la toile servent d'enveloppe pour rapporter le poisson.

Si le braconnier n'est pas pris en flagrant délit, mais en route pour se rendre à la pêche, son attirail fixera l'attention du gendarme, qui observera et attendra pour agir le montage de l'appareil et le commencement de l'opération. Si c'est au retour, l'un des individus (car ils sont généralement deux) portera les perches, l'autre les poissons ; leurs vêtements, leurs chaussures seront mouillés. Ne pas hésiter dans ce cas à visiter, dresser procès-verbal et saisir. Si les gendarmes sont aperçus de loin, l'un des pêcheurs, celui qui porte filets et poissons s'écartera de son camarade, prendra un chemin détourné ou filera à travers champs. Les gendarmes exécuteront une manœuvre analogue et s'efforceront d'atteindre les deux individus pour reconstituer le délit.

Le Tramail et la Senne

Le tramail et la senne sont des filets de grande dimension à mailles variables, maintenus verticalement dans l'eau au moyen de lièges et de plombs. Ils sont placés généralement en amont ou en aval d'un gouffre et barrent toute la rivière. L'eau est agitée au moyen de perches ou de pierres, et les poissons, effrayés et chassés de leur retraite, se prennent dans les filets. Ces engins ne sont pas faciles à découvrir dans l'eau ; mais les manœuvres exécutées à proximité pour effrayer le poisson donneront l'éveil aux gendarmes, qui rechercheront et découvriront le délit.

Le grand et le petit Epervier

Le grand et le petit épervier employés comme filets traînants sont fixés aux deux extrémités d'un bateau, et ce dernier est manœuvré de façon à dériver en travers de la rivière. La base de l'épervier fortement plombée, balaye le fond de l'eau et ramasse toutes les belles pièces.

Il faut donc observer avec soin et du plus loin qu'on les aperçoit les bateaux des pêcheurs, surtout ceux qui paraissent dériver en travers de la rivière, les faire amener à bord (l'article 34 de la loi du 15 avril 1829 donne ce droit aux gendarmes) et examiner spécialement les extrémités du bateau qui portent l'engin.

La Péligasse

La péligasse est un filet à grandes mailles de 10 à 15 mètres de long sur 2 de large. Elle ne sert que pour la pêche à l'alose, poisson de mer qui vient frayer en eau douce. On emploie la péligasse comme filet fixe en tête des courants.

Après avoir planté dans le fond de la rivière trois ou quatre piquets, suivant l'étendue à barrer, on y fixe les grands côtés du filet de façon à le maintenir verticalement dans l'eau et à barrer toute la rivière. L'engin est placé et levé la nuit. Une fois en place le pêcheur s'éloigne et ne revient prendre le poisson que plusieurs jours après. Rien ne décèle la présence du filet dans l'eau. La pêche à la péligasse se pratique, dans la région, presque exclusivement dans la Loire.

Le Sanglon

Le sanglon est un filet de dimensions restreintes maintenu verticalement dans l'eau au moyen de lièges et de plombs. On le place à la nuit tombante autour d'un rocher, d'une racine, d'un arbre, et on le relève au jour. Dans la région de Montbrison cet engin est très employé pour les petites rivières, et on détruit par ce procédé une assez grande quantité de truites.

L'époque choisie, la meilleure pour la pêche, avec toute espèce de filets d'ailleurs, est celle où les eaux sont basses et tranquilles. Le délit n'est pas facile à constater, la présence de l'engin dans l'eau, la nuit surtout, n'est révélée par rien. Mais on peut surprendre le pêcheur au moment où il se rend sur les lieux ou en revient. N'oublions pas d'ailleurs que si, en règle générale, le séjour dans l'eau des filets et engins même autorisés est permis à toute heure, le placement et le relèvement n'est autorisé que depuis le lever jusqu'au coucher du soleil (*article 7 du décret du* 10 *avril* 1875, *modifié par le décret du* 18 *mai* 1878).

Les Nasses ou Verveux

Les nasses ou verveux sont des filets en osier, en fil ou en fil de fer, ayant la forme de paniers à plusieurs compartiments. Ils s'emploient surtout dans les petits cours d'eau pendant le frai de la truite. On les place de préférence entre deux grosses pierres faisant partie d'un barrage naturel ou fait de toutes pièces au moyen de pierres juxtaposées, de façon que l'ouverture de l'engin soit tournée du côté opposé au courant. Ils restent placés ainsi pendant toute la saison, le pêcheur se bornant à les visiter de temps à autre. Souvent aussi, ils sont disposés en amont d'un frai, sans barrages, et changés de place dès que les poissons qui viennent frayer ont été pris.

Ces engins placés à demeure dans l'eau, sans qu'aucune partie émerge à la surface, échappent facilement aux regards des agents. Cependant, en observant avec attention les barrages formés avec plus ou moins de méthode, dans les cours d'eau qu'ils suivent dans leurs tournées, les gendarmes arriveront à découvrir les verveux qui y sont placés, surtout lorsque les eaux sont très basses. Il y aura lieu, dans ce cas, de procéder ainsi que nous l'avons indiqué plus haut pour les lacets.

La Balance

La balance est un engin qui n'est pas prohibé lorsqu'il présente les dimensions réglementaires ; il ne doit donc pas être saisi, en dehors de ce cas, même s'il est employé la nuit.

La Fourchette

La fourchette est une sorte de fourche à deux ou trois pointes qui s'emploie surtout dans les petits cours d'eau au moment du frai de la truite. Le pêcheur, dissimulé derrière un buisson, se place à un frai et attend l'arrivée des mâles autour des femelles. Lorsque le poisson est à sa portée, il lance sa fourchette et harponne le poisson. Dans les montagnes du Forez, les paysans sont très adroits dans ce genre de pêche et détruisent ainsi une assez forte quantité de beaux poissons. Nous verrons plus loin que la fourchette est employée aussi dans la pêche à la main.

Le procédé échappe facilement à la répression, car l'instrument, de très petites dimensions, se dissimule avec une grande facilité. Le pêcheur doit être pris en flagrant délit. Le gendarme en tournée observera donc de loin avec attention tout individu penché au-dessus de l'eau et paraissant pêcher dans les conditions que nous venons d'indiquer. Il saisira l'engin prohibé et les poissons pris ; ces derniers portent d'ailleurs visiblement la trace des blessures faites.

La Raclette

La raclette s'emploie concurremment avec un filet (tramail, senne ou péligasse). Cet engin consiste en une longue corde à laquelle sont attachés des os d'épaule de mouton en grande quantité. Ces os promenés sur le gravier au fond de l'eau, à 300 ou 400 mètres en amont du filet, effraient le poisson, qui se laisse prendre en grand nombre. Ce procédé est très destructeur par les nuits claires, surtout lorsque les eaux sont basses.

Empoisonnement

C'est également aux époques où les eaux sont basses que le braconnier se sert de drogues pour enivrer ou empoisonner le poisson.

Les substances qualifiées drogues ne sont pas énumérées par la loi. C'est aux tribunaux à décider de leurs qualités nocives. En cas de doute les gendarmes saisiront ces substances et dresseront procès-verbal. Dans la région de Montbrison on se sert le plus généralement de la chaux, du chlorure de chaux et de la coque du Levant.

1° *Chaux*

Le procédé consiste à vider un sac de chaux dans le cours d'eau, et à remuer la masse jusqu'à complète dissolution; ou encore à mettre la chaux dans un panier et agiter ce dernier dans l'eau pour la délayer et la faire dissoudre. L'eau blanchit presque aussitôt, et, quelques minutes après, le poisson flotte à la surface le ventre en l'air.

2° *Chlorure de chaux*

Porteur de la drogue qu'il dissimule avec précaution, le braconnier, arrivé à l'endroit qu'il a choisi (généralement un point profond et calme de la rivière, le bord d'un étang, le siphon du canal), la place dans un linge, la broie, fixe le tout à l'extrémité d'une perche et agite dans l'eau en tous sens jusqu'à complète dissolution. Cette substance est très meurtrière, gros et petits, rien n'est épargné, même les couleuvres. L'eau n'est ni troublée ni colorée, mais une odeur assez forte et très caractéristique se répand presque instantanément et subsiste assez longtemps. Le poisson sort de ses retraites, se débat, court d'une rive à l'autre, et finalement vient flotter à la surface le ventre en l'air ou sur le côté.

3° *Coque du Levant*

Plusieurs procédés sont employés : l'un consiste à broyer le fruit et à le faire macérer pendant plusieurs jours avec des vers de terre très petits; l'autre à extraire de la graine, le fruit qui y est contenu et à l'introduire dans le corps d'une mouche ou d'une sauterelle à laquelle on a arraché la tête. Le poisson se jette sur l'amorce qui lui est offerte, s'empoisonne et vient s'échouer à la surface et au bord de l'eau, où il est immédiatement enlevé.

Le délit de pêche qui consiste à empoisonner ou à enivrer le poisson est un de ceux que la loi punit à juste titre avec le plus de rigueur. Il est très fréquent dans notre région, mais il échappe facilement à la répression, parce qu'il est difficile à saisir et aussi parce qu'il est peu connu. Il est donc indispensable de ne négliger aucun détail de nature à en permettre la constatation.

Le gendarme en tournée observera avec attention les gens à mine plus ou moins suspecte, occupés au bord de l'eau, et suivra leurs opérations. S'il a des soupçons, il s'approchera des individus, qui, à son aspect, feindront de pêcher à la ligne, de se baigner, de lire, etc. Il examinera l'eau, constatera si elle a perdu de sa transparence, si elle exhale une odeur anormale, si la surface est couverte de poissons morts ou manifestant une agitation insolite. Le gendarme examinera ensuite les objets qui se trouvent à proximité, le sac, le panier, la boîte qui ont pu contenir les produits suspects, les engins servant à recueillir le poisson, enfin le poisson déjà pris ou celui qu'ils pourront découvrir à la surface de l'eau, et dont l'apparence peut fournir de sérieux indices.

Ces apparences sont les suivantes : le corps du poisson est gluant, il se décompose assez rapidement; les yeux et les branchies deviennent blancs. Ces constatations, d'ailleurs, ne sauraient être considérées comme une preuve du délit, car d'autres circonstances (atmosphériques, par exemple), peuvent produire les mêmes phénomènes. Cependant quand le poisson a absorbé des vers ou des insectes macérés dans la coque du Levant, on peut, en exerçant une légère pression sur le ventre, faire ressortir ces vers ou insectes presque intacts par la bouche du poisson.

Quoi qu'il en soit, si le délit est établi, il y aura lieu dans tous les cas de saisir le poisson, les sacs, paniers, instruments et autres objets trouvés en la possession du braconnier, et recueillir, si possible, le poisson qui surnage à la surface, lequel sera l'objet d'un examen ultérieur. Dans la rédaction du procès-verbal, il ne faudra négliger aucun des détails constatés : la couleur de l'eau, sa transparence, son odeur (en recueillir au besoin un flacon), les remarques faites sur les poissons saisis, les renseignements pris auprès des passants et des voisins, enfin énumérer tous les objets trouvés en la possession des délinquants.

Le délit peut être constaté aussi en dehors de la présence de tout délinquant. Le gendarme en tournée suit un cours d'eau, aperçoit en un point des poissons flottant à la surface et remarque que l'eau a perdu de sa transparence, etc. Il recueillera quelques-uns de ces poissons, en recherchera d'autres oubliés sur l'herbe, constatera que le terrain a été piétiné, et fera immédiatement une enquête dans les environs pour retrouver les délinquants. Ses recherches seront quelquefois couronnées de succès.

A la suite d'un empoisonnement de rivière on a parfois constaté que de grandes quantités de poissons sont vendus à bas prix dans les localités avoisinantes. Cette circonstance, si elle se produisait, ne devrait pas être négligée dans une enquête de cette nature.

L'empoisonneur de rivière est rarement seul : pendant qu'il opère, un autre fait le guet. Il se poste sur une éminence, en un point où il puisse dominer le terrain environnant et surveiller routes et chemins aboutissant à la rivière. Aperçoit-il un gendarme, il fait un signe convenu et rejoint son camarade.

Le gendarme, après avoir pris le signalement du guetteur, rejoindra vivement les délinquants et arrivera à constater, même sans eux, le délit, qui souvent laisse des traces sur le terrain.

Pêche a la Main

Ce genre de pêche est très pratiqué, surtout dans les petits cours d'eau, aux époques où les eaux sont chaudes et basses.

Il consiste à fouiller sous les racines, sous les pierres et à prendre à la main, quelquefois avec un instrument, les poissons qui s'y sont réfugiés.

Les pêcheurs suivent le cours d'eau, en le remontant, de façon à ne pas troubler l'eau. Ils ont quelquefois aussi avec eux un engin, un verveux le plus souvent, qu'ils relèvent de place en place et au moyen duquel ils capturent le poisson que leurs mains n'ont pu saisir.

Ce genre de pêche est très fructueux pour les pêcheurs habiles, qui ne prennent ainsi que les belles pièces.

La pêche à la main se combine d'ailleurs avec différents procédés et différents engins.

1° Avec une trouble et un bouloir. De la main gauche le pêcheur, placé dans l'eau, tient la trouble, et de la main droite il fouille sous les racines et sous les pierres avec le bouloir, tout en approchant sa trouble aussi près que possible. Le poisson, surpris, se sauve et se jette dans l'engin.

2° Au moyen d'un filet à poche on entoure le bloc de pierre sous lequel on suppose trouver le poisson, tandis qu'avec un gros marteau de forgeron on frappe un coup sec sur la pierre. Le poisson qui s'y trouve est assommé ou tout au moins étourdi. La pierre est alors soulevée au moyen d'un levier et le poisson est retiré à la main. Deux délinquants qui procédaient de cette façon ont été pris en flagrant délit tout récemment dans les environs de Montbrison. On a pu constater que parmi les poissons saisis quelques-uns, de belles truites, avaient la tête meurtrie.

3° Au moyen de la fourchette. On soulève avec précaution la pierre sous laquelle le poisson est gîté et on le harponne au moyen de la fourchette avant qu'il ait eu le temps de faire un mouvement pour se sauver.

La pêche à la main se pratique fréquemment par les nuits claires pour toutes espèces de poissons, et pendant les nuits sombres pour l'écrevisse, qu'on attire près des bords au moyen d'une torche ou d'un brandon.

Quel que soit le mode employé pour la pêche à la main, en dehors des engins prohibés dont il pourra être détenteur, il est un signe qui dénoncera la plupart du temps le délinquant, c'est sa tenue : bras nus, pantalons relevés au-dessus du genou.

Mais, à la vue du gendarme, le pêcheur se débarrassera vivement de ses engins et feindra de prendre un bain. Il faut donc l'observer de loin très attentivement, suivre ses mouvements, se rapprocher ensuite avec précaution, examiner le terrain près du bord de l'eau, rechercher et saisir les poissons déjà pris, ainsi que les engins.

Pêche sous la Glace

La pêche sous la glace est rarement pratiquée dans nos régions. Le procédé est simple et quelquefois très fructueux. Il est bien entendu d'ailleurs qu'à moins d'un arrêté spécial des préfets, ce mode de pêche n'est un délit qu'autant qu'il est pratiqué en temps de pêche prohibé, pour les espèces prohibées, avec des engins prohibés. Le pêcheur opère de la manière suivante : Après avoir choisi l'endroit qu'il sait être le plus poissonneux, il coupe la glace avec une hache ou une pioche sur tout ou partie de la largeur de la rivière, de façon à faire une brèche de 50 centimètres de large, jette les morceaux sur le bord et barre immédiatement la rivière au moyen d'un filet (tramail ou autre). Le poisson, qui était privé d'air, sous l'influence du courant qui se produit alors, se rassemble en grand nombre sur ce point et se fait prendre. Celui qui échappe au filet est enlevé avec une trouble ou avec une pelle en bois et rejeté sur la glace.

Les gens qui pratiquent ce genre de pêche sont toujours plusieurs ensemble, et leur nombre devra attirer l'attention des gendarmes en tournée. Souvent aussi, ils opèrent simultanément en deux ou plusieurs bandes, de façon à couper la rivière ou la pièce d'eau sur plusieurs points en même temps.

Observer un Pêcheur

Dans tout ce qui précède nous avons vu de quelles précautions s'entoure le pêcheur en délit qui veut donner le change aux agents. Aussi, en règle générale, le gendarme en tournée qui aperçoit un individu au bord de l'eau doit commencer par l'observer de loin avec attention et noter ses mouvements, son attitude. S'il soupçonne un délit, il prendra ses dispositions pour empêcher la fuite du délinquant, d'après les principes déjà exposés. Arrivé près de lui, il examinera les objets qui se trouvent à proximité, le poisson déjà pris, les engins qui pourraient être placés dans l'eau, enfin l'eau elle-même au point de vue de sa transparence et de l'odeur qu'elle pourrait dégager. Il ne se laissera pas prendre aux discours qui lui seraient faits et aux ruses qui seraient déployées pour lui donner le change.

La nuit la question se présente autrement. Les individus pêchant au feu peuvent être aperçus d'assez loin, ceux qui pêchent à la main ou avec des engins ne peuvent être vus ou entendus qu'à faible distance.

Quoi qu'il en soit, il faut commencer par s'arrêter, observer et écouter. Se rapprocher ensuite sans bruit des délinquants, sans jamais se séparer. Si l'on a pu, sans donner l'alarme, arriver à quelques pas d'eux, s'élancer d'un bond et les saisir. Mais cette manière d'opérer n'est praticable que par les nuits claires, le moindre bruit peut la faire échouer, et, si l'alerte est donnée, le braconnier qui connaît à fond le terrain et qui aura un peu d'avance sur le gendarme arrivera facilement à le dépister, après avoir éteint sa lumière le cas échéant. Il n'hésitera pas d'ailleurs à se jeter à l'eau si besoin est.

Aussi, si la nuit est assez avancée, et si le service le permet, nous pensons qu'il vaudra mieux attendre le lever du jour pour aborder ou poursuivre les délinquants, tout en continuant à les observer à distance.

Nous citerons à ce sujet, à titre d'exemple, le fait ci-après qui s'est passé récemment dans les environs de Montbrison. Deux gendarmes de la brigade de X... rentrant de rencontre aperçoivent, vers minuit, au bord de la rivière « le Lignon », plusieurs individus pêchant l'écrevisse à l'aide de fanaux éclairés. Ils s'arrêtèrent, observèrent et purent compter les pêcheurs, au nombre de sept. Ces derniers, vers deux heures du matin, placèrent le produit de leur pêche dans deux paniers qu'ils fixèrent dans l'eau et se dirigèrent vers une auberge située à proximité pour y passer le reste de la nuit. Les deux gendarmes, qui avaient pu suivre tous leurs mouvements, sortirent alors de leur embuscade, saisirent d'abord les paniers, qu'ils mirent en lieu sûr et qui contenaient plusieurs centaines d'écrevisses, cernèrent la maison et attendirent l'heure légale pour y pénétrer et dresser procès-verbal aux délinquants.

Quelle que soit d'ailleurs la manière d'opérer, n'oublions pas qu'il n'est nullement indispensable que le pêcheur ait été abordé et ait reçu notification du procès-verbal. Il suffit, comme pour la chasse, qu'il soit désigné dans ce document d'une façon suffisante, s'il est connu des gendarmes, soit par un signalement, soit encore par des témoignages précis (*article 62 de la loi du 15 avril 1829*).

IIe PARTIE

Considérations générales

Uniforme

Dans cette lutte perpétuelle entre gendarmes et braconniers, qu'il s'agisse de chasse ou de pêche, nous avons à plusieurs reprises essayé d'indiquer les moyens (nous n'osons dire la tactique) à employer pour aborder un braconnier après l'avoir observé de loin, pour se rapprocher de lui en utilisant le terrain, de façon à ne pas se montrer, et lui couper la retraite. Ici se place une objection : L'article 96 du décret qui nous régit pose en principe que l'action de la gendarmerie s'exerce toujours en tenue militaire, ouvertement et sans manœuvres de nature à porter atteinte à la considération de l'arme. Nous répondons : Notre uniforme, nous reconnaissons qu'il est pour nous un point faible dans la recherche et la constatation des crimes et délits, c'est lui qui nous évente, qui jette la panique à grandes distances ; mais nous y tenons et nous n'avons jamais songé à nous en dépouiller, car il fait notre force, il est notre sauvegarde et notre garantie. Quant au fait de se dissimuler derrière une haie, un fourré, un arbre pour observer un braconnier, d'utiliser les couverts du terrain pour se rapprocher de lui, de se mouvoir de façon spéciale pour lui couper la retraite, doit-il être considéré comme la manœuvre que nous interdit notre règlement ? Assurément non ;

s'il en était autrement, si les gendarmes étaient tenus de marcher toujours droit devant eux, en ligne droite et du même pas uniforme, ils ne feraient pas plus de peur ni de mal aux braconniers que les mannequins qu'on place dans les champs pour effrayer les moineaux. L'objection n'est donc pas sérieuse et ne mérite pas qu'on s'y arrête davantage. Les gendarmes ne sont pas destinés à effrayer de loin les délinquants; ils sont avant tout des agents de répression, instruits, alertes, énergiques, chargés d'assurer l'exécution des lois. Ils peuvent et doivent user de tous les moyens légaux.

Jumelles

Dans la recherche des délits de chasse et de pêche, comme dans une foule d'autres circonstances du service ordinaire, une bonne jumelle serait pour le gendarme d'une utilité incontestable. Aperçoit-il à distance un individu dont les occupations, les allures paraissent suspectes, il s'arrête, prend sa jumelle et observe. L'individu paraît être un braconnier, le gendarme précisera ses faits et gestes, prendra de loin son signalement, et notera l'heure exacte, de façon à parer plus tard à un alibi. Il aura ainsi, avant d'avoir fait un mouvement pour se rapprocher du délinquant, les éléments souvent suffisants pour un procès-verbal. Toujours avec la jumelle, il fera ensuite une étude rapide du terrain et prendra ses dispositions pour se rapprocher du délinquant et l'aborder.

Bicyclette

Dans cette poursuite du braconnier, la bicyclette aussi a un rôle à jouer, en pays de plaine surtout.

Deux gendarmes à bicyclette aperçoivent à distance un braconnier en action de chasse ou de pêche. Après une rapide étude du terrain, l'un des gendarmes, après avoir immobilisé sa machine, en serrant le frein de la roue arrière, se dissimule, reste en place ou se rapproche du délinquant en utilisant les accidents du sol. L'autre monte en selle et, par un chemin détourné et à l'abri, se transporte rapidement vers les couverts : bois, bouquets d'arbres, groupe de maisons où le braconnier ira probablement chercher tout à l'heure un refuge. Arrivé là, il immobilisera aussi sa machine, de manière à ce qu'elle ne puisse être enlevée ou utilisée par autrui, et se portera à pied sur la lisière. La poursuite s'exécutera ensuite d'après les indications déjà données.

DÉNONCIATIONS

En matière de chasse ou de pêche, les délits sont quelquefois, mais bien rarement l'objet de dénonciations. Devons-nous le regretter ou nous en féliciter ? La plupart du temps les dénonciateurs agissent par intérêt personnel ou par vengeance, l'intérêt général, la conservation du gibier ou du poisson, laissent assez indifférents les paysans de nos campagnes, et leur but n'est pas de collaborer à une œuvre utile pour le pays. Quoi qu'il en soit, la question ne nous concerne pas directement, et nous n'avons ni à encourager ni à provoquer la dénonciation. Qu'il nous soit cependant permis en passant d'indiquer un moyen qui, s'il était mis en pratique, produirait certainement un résultat et réduirait le nombre des braconniers.

Ce serait tout simplement de donner une prime aux dénonciateurs. Ce moyen est à la disposition de l'Etat, des départements, des communes, des sociétés pour la répression du braconnage.

On objectera que la chose est immorale. Mais, n'est-ce pas immoral que de donner une prime aux gens qui dénoncent ou arrêtent les soldats déserteurs. Si l'on admet ce moyen pour les déserteurs, on ne peut le rejeter en ce qui concerne les braconniers, qui détruisent le gibier, dépeuplent nos campagnes, ruinent notre commerce et empoisonnent nos rivières.

Organisation des Tournées

Les gendarmes, nous l'avons dit au début de cet exposé, ne peuvent consacrer à la répression du braconnage qu'une faible partie de leur temps. Mais ce temps, si mesuré soit-il, peut être utilement employé s'il est choisi en connaissance de cause.

Sans faire du braconnage une occupation spéciale, et sans négliger en aucune façon, ni restreindre le service des tournées de communes, il n'est pas impossible à un chef de brigade de combiner ces tournées de manière que les gendarmes parcourent à des jours et à des heures déterminés les parages fréquentés par les braconniers.

Comment seront choisis ces jours et ces heures? D'après les connaissances que possédera le chef de brigade sur les mœurs et les habitudes des braconniers, et d'après les renseignements qu'il recueillera au jour le jour sur leurs faits et gestes et sur leurs projets.

Les braconniers, nous l'avons vu, sont intelligents et roués, ils ont de l'expérience et du flair. Dans les régions bien surveillées, ils profitent surtout des jours de foire, de fête, de marché. Avant de se mettre en campagne, ils se renseignent sur l'itinéraire suivi par le garde, sur le service que doit fournir la gendarmerie dans la résidence ou au dehors. Ils étudient et constatent les heures de départ des tournées et des patrouilles, ils notent les jours du tirage au sort, du conseil de revision, des revues à la résidence et des manœuvres en réunion. Le jour où le garde est appelé en témoignage devant le tribunal ou à l'instruction est connu d'avance et mis à profit. Tout récemment les gendarmes de Montbrison firent une tournée très fructueuse dans la commune de X..., dont le garde avait convié nombre de ses collègues au mariage de sa fille. Le chef de brigade ayant eu connaissance du fait avait lancé une partie de son personnel, sur lequel les braconniers n'avaient pas compté.

Au château de X..., situé au milieu d'une région très giboyeuse, dès que la cloche annonce l'heure du repas, les braconniers de la commune vont visiter les lacets qu'ils ont placés pendant la nuit.

Les ouvriers verriers de la commune voisine ont une après-midi de repos de temps à autre. Ils l'emploient assez généralement pendant la belle saison à empoisonner le canal sur plusieurs points, etc.

Chaque région abonde en faits de ce genre. Il appartient au chef de brigade d'être renseigné à ce sujet. Pour cela il est indispensable qu'il soit en relations continuelles avec les maires, les propriétaires, les gardes communaux et les gardes particuliers. Ces relations, d'ailleurs, ne feront qu'affermir la confiance et l'estime réciproques, et le service se fera avec plus de facilité et de profit.

Enfin, de temps en temps, et spécialement pendant le mois qui précède l'ouverture de la chasse, il sera utile d'opérer, de concert avec les gardes, dans des conditions et à des jours et à des heures déterminés.

Les gardes connaissent à fond le terrain, les propriétés soumises à leur surveillance, ils savent quels sont les parages les plus giboyeux et par suite les plus fréquentés par les braconniers. Renseignés et accompagnés par eux, les gendarmes pourront battre une grande étendue de terrain dans les conditions les plus profitables. Le personnel employé variera d'ailleurs avec les circonstances; il n'est pas possible de donner de règle fixe à cet égard. Il faudra éviter aussi les indiscrétions qui pourraient mettre les braconniers sur leurs gardes.

En dehors de ces tournées spéciales, il faut, dans le même but, pour le service externe en général, varier constamment les heures de départ, ainsi que les itinéraires, éviter de visiter les communes d'une façon régulière et périodique, mais agir, au contraire, par surprises et par à-coups, en parcourant le même terrain deux jours de suite, ou même deux fois le même jour, à quelques heures d'intervalle, suivant le personnel dont on dispose.

C'est en agissant d'après ces principes, dont l'application varie avec chaque région, que la gendarmerie jouera un rôle réellement utile et qu'elle pourra, dans la mesure de ses moyens, assurer la répression du braconnage.

Le tableau comparatif ci-après des résultats obtenus dans l'arrondissement de Montbrison en 1902 et en 1903 permettra d'apprécier la valeur des principes exposés et appliqués depuis un an dans cet arrondissement :

Nombre de procès-verbaux dressés

	Chasse	Pêche
	—	—
En 1902.......	46	21
En 1903.......	84	63

Ajoutons que pendant cette année 1903 la gendarmerie n'a nullement négligé les autres services et que le nombre des procès-verbaux dressés cette année-là au sujet de tous autres délits et contraventions est sensiblement le même qu'en 1902.

Imp. Le Normand-Léautey, rue St-Guillaume, 24.

www.ingramcontent.com/pod-product-compliance
Ingram Content Group UK Ltd.
Pitfield, Milton Keynes, MK11 3LW, UK
UKHW021022200726
13857UKWH00004B/1526